Longman Picture Wordbook

by Brian Abbs
Illustrated by Giles Waring

Longman

Longman Group UK Limited,
Longman House, Burnt Mill, Harlow,
Essex CM20 2JE, England
and Associated Companies throughout the world.

First published 1986

Editorial direction: Della Summers
Art direction: Paul Price-Smith
Publisher: Susan Maingay
Editor: Kelly Davis

'Our wonderful world' and 'Then and now'
illustrated by Richard Bonson;
'World under the sea'
illustrated by Colin Newman.

Set in 14pt Scantext Avant Garde Gothic Book

British Library Cataloguing in Publication Data

Abbs, Brian
    Longman picture wordbook.
    1. Vocabulary—Juvenile literature
    I. Title II. Waring, Giles
    428.1   PE1449

ISBN 0-582-55595-7

Printed in Spain
by TONSA, San Sebastian

For my parents, Emma and Wilfred

Contents

Hello! I'm Anna

My family

mother/Mummy/Mum

my brother, Thoma

aunt/Auntie   uncle/Uncle   baby

grandfather/Grandad/Grandpa

grandmother/Granny/Grandma

father/Daddy/Dad
and my sister, Susi

We're on holiday

hair

Face

eyebrow
eyelashes
eye

cheek
nose

ear

mouth
lips
teeth
tongue

chin

swimming
costume

bucket

Body

head

dive

neck

shoulder

back

arm

elbow

chest

stomach

swimming trunks

bottom

thumb

hand

finger

knee

leg

toe

foot

beach

spade

sunglasses

float

swim

9

Clothes

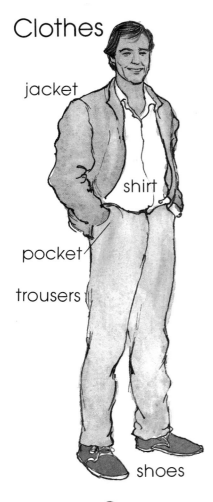

jacket

shirt

pocket

trousers

shoes

Getting dressed

T-shirt

shorts

sandals

mask

flippers

blouse

skirt

shoes

top

jeans

hat

dress

socks

flip-flops

On the road to town

bike/bicycle

motorbike

car

caravan

bus

lorry   wheel

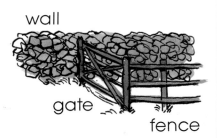

truck

wall

gate

fence

dog

duck

cat

farm

town

field

path

road

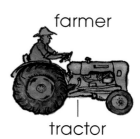

farmer

tractor

barn

cow

sheep

goat

horse

donkey

chickens

In the town

cinema

hotel

restaurant

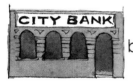
bank

car park

taxi

church

post office

town hall

road

pavement

market

square

factory

RESTAURANT

HOSPITAL

SUPERMARKET

street

library

shops | supermarket

baker | chemist

butcher

street light

traffic lights

school

block of flats

garage

house

At the market

Fruit

orange

lemon

grapefruit

lime

apple

pear

peach

grapes

banana

scales

sell

buy

pineapple

strawberry

melon

watermelon

fig

dates

plum

flowers

butter   margarin

shopping basket

Vegetables

peas  beans

courgette   cucumber

aubergine

lettuce

cabbage
cauliflower

chilli

spinach

carrot   broccoli

cheese

mushroom   tomato   potatoes

celery   leek   onion

fish

avocado   olives   peppers

garlic

Where are they?

in the box

out of the box

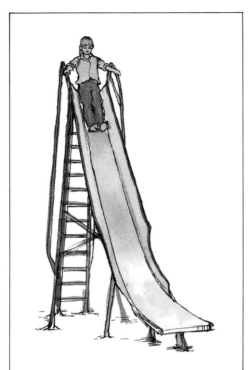

at the top of the slide

at the bottom of the slide

on the table

over the river

under the bridge

in front of Susi

behind Susi

Where are they going?

going **to/towards** the beach

coming **from** the beach

climbing **up** the tree

going **down** the slide

into/in the tunnel

through the tunnel

out of the tunnel

climbing **onto/on** the chair

falling **off** the chair

running **round** Susi

People in the town

a boy

at the market

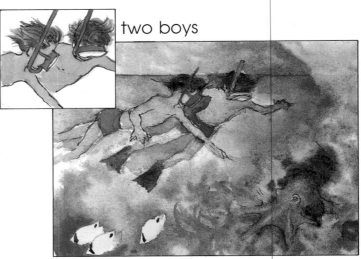

two boys

in the sea

a young girl

on the beach

some older girls

at the harbour

an old woman

inside her house

some women

outside a shop

a man

with his son and daughter

some men

in a fishing boat

some children

from the village

two young people

by/next to their car

Thomas and me with our friend, Ben

Going home

sky

mountain

valley

hill

radar

airport

control tower

motorway

runway

tunnel

track   train

railway station

land

beach

waves

sea

motorboat

boat

22

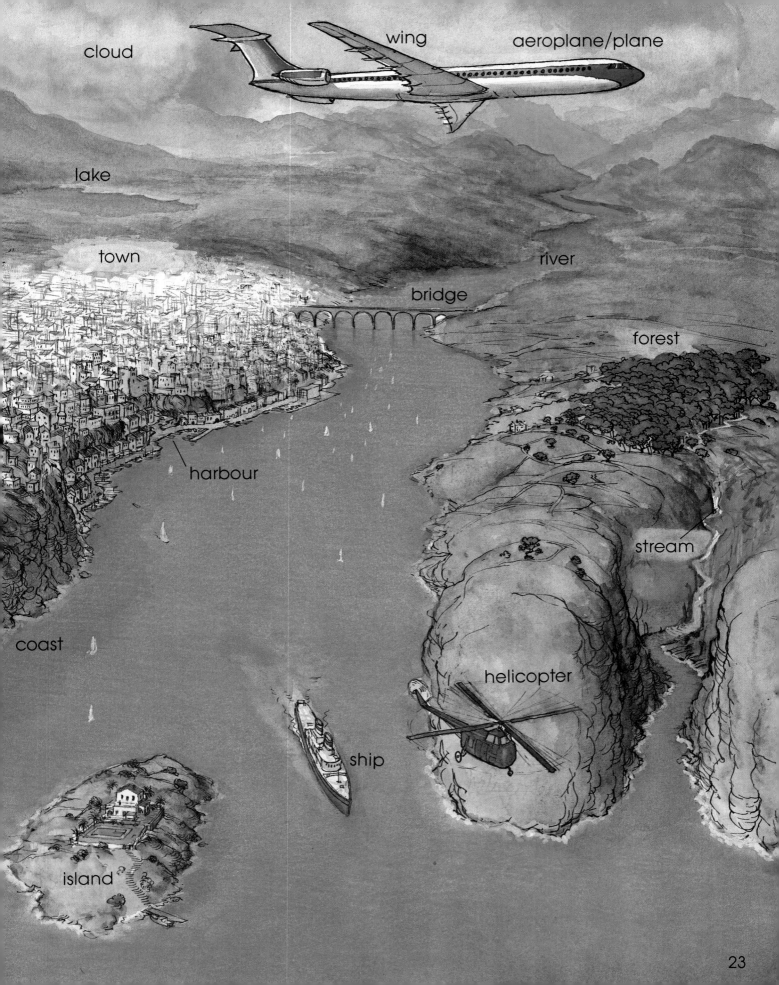

About Anna

Anna
is polite.

She's clever -
she can tie a bow.

She's brave - she's not
afraid of the dark.

When Anna
is happy,

she smiles

and laughs.

She sings and . . . **dances.**

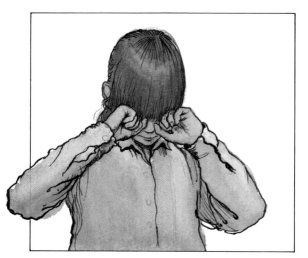

When she's sad, she cries.

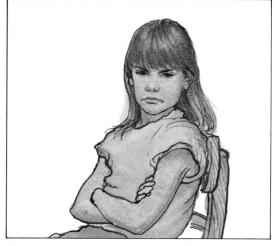

Sometimes Anna gets angry
and frowns.

About us

short   long

short   tall

straight   curly

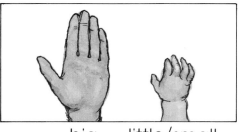
big   little/small

good   bad/naughty

front   back

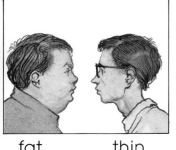
fat   thin

young   old

old   new

dirty   clean

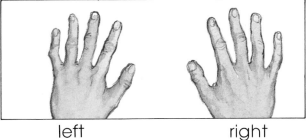
left   right

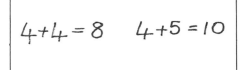

$$4+4=8 \qquad 4+5=10$$

right   wrong

open closed/shut

wet   dry

high   low

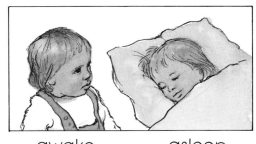
awake   asleep

A baby can . . .

crawl

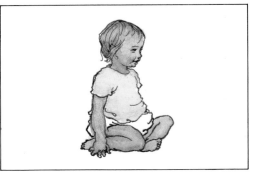

sit

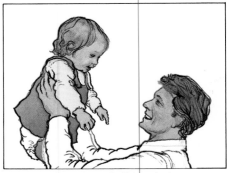

look at Daddy

cry

smile

sleep

A baby can . . .

hold a rabbit

play with a toy

stand up

and walk!

What can you do?

paint a picture

run

climb a tree

read a book

play the drum

do a jigsaw

and jump in the air!

In the bathroom

Underwear

underpants

vest

tights

do up your shoes

clean your teeth

wash your face

put on your clothes

comb your hair

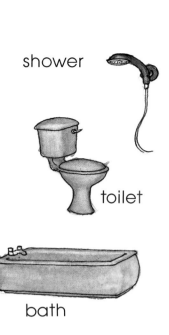
shower

toilet

bath

toilet paper

washbasin

 hot tap   cold tap

 brush   sponge

have a shower

soap

flannel

shampoo

toothpaste

toothbrush

towel

hairdryer

comb

In the kitchen

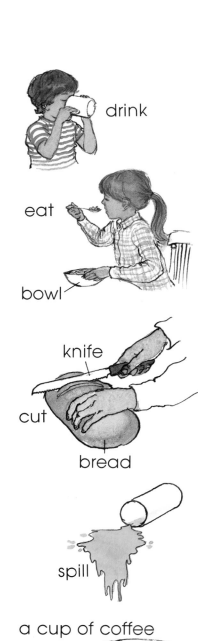

drink

eat

bowl

knife

cut

bread

spill

a cup of coffee

saucer

a glass of milk

mug

frying pan

saucepan

tin/can

bottle

fork

tea towel

kettle

spoon

plate

blind

window

table

chair

highchair

cooker

oven

freezer

fridge

drawer

handle

cupboard

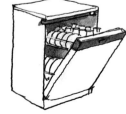

dishwasher

waste bin

tap

sink

shelf

washing machine

At school

map

pencil

ruler

rubber   pen

crayon   jar

paint

paintbrush

paper

book   file

notepad   exercise
book

calculator

Monday 15th April
Class 4
Ms Jones

49   27
×16   ×15

13)333

stand

sit

wastepaper bin

microcomputer
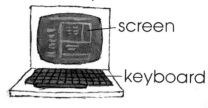
screen

keyboard

software

disk

cassette

chalk

blackboard

teacher

pupil

write

read

draw

paint

Alphabet, shapes and colours

The letters of the English alphabet

A a B b C c D d
E e F f G g H h
I i J j K k L l M m
N n O o P p Q q
R r S s T t U u V v
W w X x Y y Z z

Colours

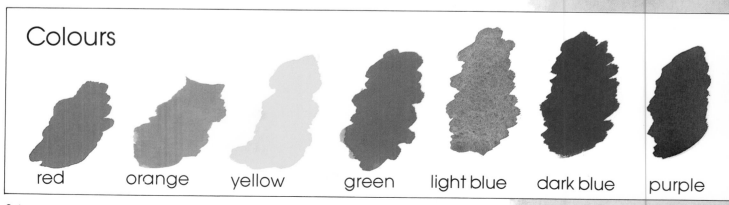

red   orange   yellow   green   light blue   dark blue   purple

34

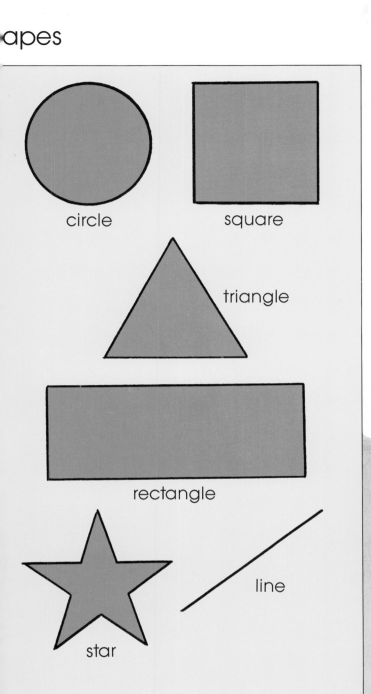

circle

square

triangle

rectangle

star

line

Wheels are round.

The sun and the moon and the earth are round.

pink

white

black

grey

brown

silver

gold

Our wonderful world

snake

cactus

sun

lizard

camel

sand

Deserts are hot and dry with no grass or trees. There is usually no rain.

tiger

gorilla

monkey

canoe

river

ant

spider

The jungle or tropical forest is very hot and wet. There are lots of plants, insects and animals.

The plains of Africa are flat with grass and trees.

elephant

rhinoceros

giraffe

hippopotamus

lion

lioness

The North Pole and South Pole are very cold regions. There is a lot of ice and snow. The sea is frozen.

penguin

seal

iceberg

polar bear

Weather

storm

cloud

umbrella

snow

wind

rain

raincoat

lightning

rainbow

Numbers

one 1

two 2

three 3

six 6

seven 7

eight 8

our 4

five 5

nine 9

ten 10

a lot

11 eleven

12 twelve

13 thirteen

14 fourteen

15 fifteen

16 sixteen

17 seventeen

18 eighteen

19 nineteen

20 twenty

21 twenty-one

30 thirty

40 forty

50 fifty

60 sixty

70 seventy

80 eighty

90 ninety

100 a/one hundred

1 first

2 second

3 third

4 fourth

5 fifth

6 sixth

7 seventh

8 eighth

9 ninth

10 tenth

World under the sea

shells

flipper

diver

seaweed

sponge

shrimp

coral

turtle

angelfish

shark

octopus

crab

starfish

40

dolphin

submarine

jellyfish

whale

shipwreck

squid

rock

lobster

eel

What's the time?

Time

60 seconds=1 minute

60 minutes=1 hour

24 hours=1 day

7 days=1 week

4 weeks=1 month

12 months=1 year

 eight o'clock
8.00

 half past eight
8.30

 quarter to eight
7.45

 twenty past eight
8.20

 quarter past eight
8.15

 ten to eight
7.50

times of the day

morning   midday   afternoon   evening   night   midnight

days of the week

Sunday	Thursday
Monday	Friday
Tuesday	Saturday
Wednesday	

months of the year

January	May	September
February	June	October
March	July	November
April	August	December

seasons of the year

spring

summer

autumn

winter

When is your birthday?
Day: Month:

Maths

add

2+2=4
two plus two equals four

subtract/take away

24−2=22
twenty-four minus two
equals twenty-two

multiply

3×4=12
three times four equals twelve

divide

12÷4=3
twelve divided by four equals three

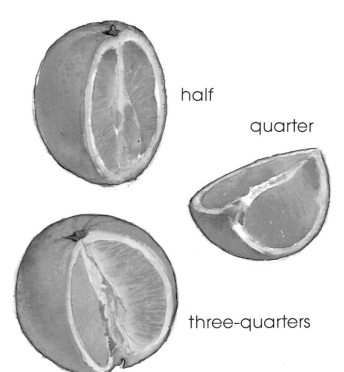

half

quarter

three-quarters

Then and now

10 ten
100 hundred
1,000 thousand
1,000,000 million

coal mine

oil rig

dinosaur

cave dweller

miner

fire

oil well

electrical power station

petrol

flame

gasholder

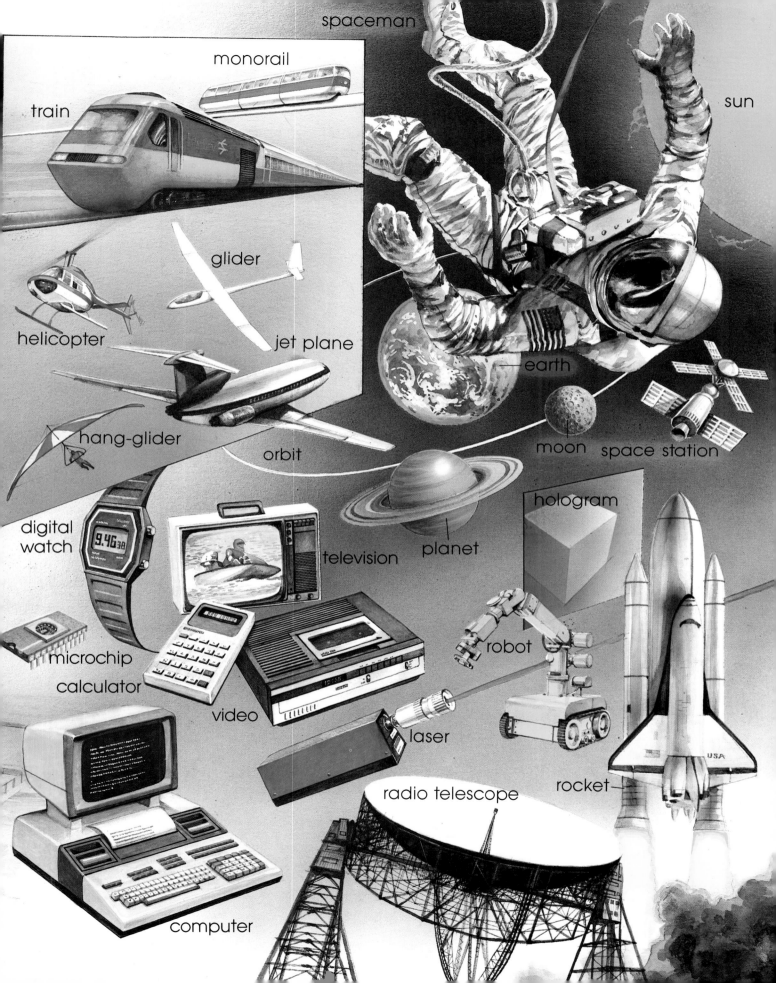

spaceman

monorail

train

sun

glider

helicopter

jet plane

earth

hang-glider

orbit

moon

space station

digital watch

hologram

planet

television

microchip

calculator

video

robot

laser

rocket

radio telescope

computer

In the park

swing

stand on the swing

sit on the swing

slide

seesaw

climbing frame

fly a kite

grass

ground

playground

play football

score a goal

kick the ball

catch

throw

bend

pick up

run

tennis

ball

hit

jump over

Ben's tree house

TV aerial

window

roof

branch

living room

climb

wall

pull

stairs

ladder

garden

floor

push

eiling

droom

bathroom

upstairs

chimney

downstairs

dining room

kitchen

door

hammer

nail

kneel

saw

trunk

At home

write a letter

writing paper

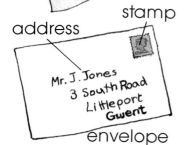

address   stamp

Mr. J. Jones
3 South Road
Littleport
Gwent

envelope

television

video

watch television

sofa

armchair

curtains

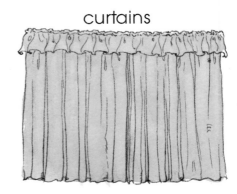

mirror

make a model plane

read a newspaper

glue

scissors

comic   book

answer the telephone

window

fireplace

table lamp
magazine
coffee table

light
rug

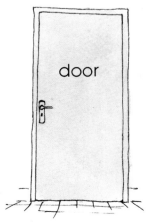
door

Dressing up

pirate

- scarf
- patch
- sword
- boots

cowboy

- moustache
- belt
- gun

- helmet
racing driver

balloon

puppet

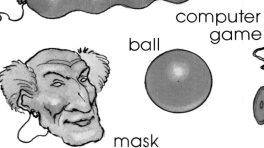
mask

ball

computer game

Toy

kaleidoscope

doctor

beard

coat

wig

trumpet

clown

patch

Musical instruments

teddy bear

doll

piano

guitar

violin

recorder

tambourine

drum

53

pillow
sheet
blanket

bed

bedspread

poster

wardrobe

chest of
drawers

watch

clock

stereo

record player

radio

cassette player

cassette

record

Shadows on the wall at

duvet

bedtime

drawer

torch

toys

shadows

dog

swan

Nightclothes

nightdress

pyjamas

dressing
gown

slippers

Once upon a time

ugly witch

broomstick

giant

fairy

wizard

wand

lamp

goblin

frog

sword

dragon

genie

castle

beautiful
princess

handsome
prince

knight

queen

crown

king

shield

cloak

dwarf

cat

And they all lived
happily ever after

The dream garden

star

moon

owl

blackbird

fox

rabbit

plant

mushroom

daisy

wasp

hedgehog

bee

mouse

beetle

moonlight/beam

swallow

deer

fawn

swan

peacock

pond

rose

leaf

grass

web

moth

butterfly

spider

caterpillar

tortoise

ladybird

Wordlist

This is an alphabetical list of all the words in the picture dictionary. When you look up the page number you will find a double-page illustration. The number refers to the page on which the picture starts.

A

a /ə, eɪ/ 20, 24, 26, 28, 30, 38, 46, 50, 56
about /ə'baʊt/ 24
add /æd/ 42
address /ə'dres/ 50
aerial /'eərɪəl/ 48
aeroplane /'eərəpleɪn/ 22
afraid /ə'freɪd/ 24
Africa /'æfrɪkə/ 36
after /a:ftə/ 56
afternoon /ˌa:ftə'nu:n/ 42
air /eə/ 26
airport /'eəpɔ:t/ 22
all/ /ɔ:l/ 56
a lot /ə lɒt/ 38
alphabet /'ælfəbet/ 34
an /ən, æn/ 20
and /ənd, ən, ænd/ 6, 20, 24, 26, 34, 36, 44, 56
angelfish /'eɪndʒəlfɪʃ/ 40
angry /'æŋgri/ 24
animals /'ænɪməlz/ 36
answer /'a:nsə/ 50
ant /ænt/ 36
apple /'æpəl/ 16
April /'eɪprəl/ 42
are /ə, a:/ 18, 34, 36
arm /'a:m/ 8
armchair /'a:mtʃeə/ 50
asleep /ə'sli:p/ 24
at /ət, æt/ 16, 18, 20, 32, 50, 54
aubergine /'əʊbəʒi:n/ 16
August /'ɔ:gəst/ 42
aunt /a:nt/ 6
Auntie /'a:nti/ 6
autumn /'ɔ:təm/ 42
avocado /ˌævə'ka:dəʊ/ 16
awake /ə'weɪk/ 24

B

baby /'beɪbi/ 6, 26
back /bæk/ 8, 24
bad /bæd/ 24
baker /'beɪkə/ 14
ball /bɔ:l/ 46, 52
balloon /bə'lu:n/ 52
banana /bə'na:nə/ 16
bank /bæŋk/ 14
barn /ba:n/ 12
bath /ba:θ/ 28

bathroom /'ba:θrʊm/ 28, 48
beach /bi:tʃ/ 8, 18, 20, 22
beans /bi:nz/ 16
beard /bɪəd/ 52
beautiful /'bju:tɪfəl/ 56
bed /bed/ 54
bedroom /'bedrʊm/ 48
bedspread /'bedspred/ 54
bedtime /'bedtaɪm/ 54
bee /bi:/ 58
beetle /'bi:tl/ 58
behind /bɪ'haɪnd/ 18
belt /belt/ 52
bend /bend/ 46
bicycle /'baɪsɪkəl/ 12
big /bɪg/ 24
bike /baɪk/ 12
birthday /'bɜ:θdeɪ/ 42
black /blæk/ 34
blackbird /'blækbɜ:d/ 58
blackboard /'blækbɔ:d/ 32
blanket /'blæŋkɪt/ 54
blind /blaɪnd/ 30
block of flats /blɒk əv flæts/ 14
blouse /blaʊz/ 10
blue /blu:/ 34
boat /bəʊt/ 22
body /'bɒdi/ 8
book /bʊk/ 26, 32, 50
boots /bu:ts/ 52
bottle /'bɒtl/ 30
bottom /'bɒtəm/ 8, 18
bow /bəʊ/ 24
bowl /bəʊl/ 30
box /bɒks/ 18
boy /bɔɪ/ 20
boys /bɔɪz/ 20
branch /bra:ntʃ/ 48
brave /breɪv/ 24
bread /bred/ 30
bridge /brɪdʒ/ 18, 22
broccoli /'brɒkəli/ 16
broomstick /'bru:mˌstɪk/ 56
brother /'brʌðə/ 6
brown /braʊn/ 34
brush /brʌʃ/ 28
bucket /'bʌkɪt/ 8
bus /bʌs/ 12
butcher /'bʊtʃə/ 14
butter /'bʌtə/ 16
butterfly /'bʌtəflaɪ/ 58
buy /baɪ/ 16
by /baɪ/ 20, 42

C

cabbage /'kæbɪdʒ/ 16
cactus /'kæktəs/ 36
calculator /'kælkjʊleɪtə/ 32, 44
camel /k'æməl/ 36
can (verb) /kən, kæn/ 24, 26
can (noun) /kən, kæn/ 30
canoe /kə'nu:/ 36
car /ka:/ 12, 20
caravan /'kærəvæn/ 12

car park /'ka: pa:k/ 14
carrot /'kærət/ 16
cassette /kə'set/ 32, 54
cassette player /kə'set pˌleɪə/ 54
castle /'ka:səl/ 56
cat /kæt/ 12, 56
catch /kætʃ/ 46
caterpillar /'kætəˌpɪlə/ 58
cauliflower /'kɒliˌflaʊə/ 16
cave dweller /'keɪv ˌdwelə/ 44
ceiling /'si:lɪŋ/ 48
celery /'seləri/ 16
chair /tʃeə/ 18, 30
chalk /tʃɔ:k/ 32
cheek /tʃi:k/ 8
cheese /tʃi:z/ 16
chemist /'kemɪst/ 14
chest /tʃest/ 8
chest of drawers /ˌtʃest əv 'drɔ:z/ 54
chickens /'tʃɪkɪnz/ 12
children /'tʃɪldren/ 20
chilli /'tʃɪli/ 16
chimney /'tʃɪmni/ 48
chin /tʃɪn/ 8
church /tʃɜ:tʃ/ 14
cinema /'sɪnəmə/ 14
circle /'sɜ:kəl/ 34
clean /kli:n/ 24, 28
clever /'klevə/ 24
climb /klaɪm/ 26, 48
climbing /klaɪmɪŋ/ 18
climbing frame /'klaɪmɪŋ ˌfreɪm/ 46
cloak /kləʊk/ 56
clock /klɒk/ 54
closed /kləʊzd/ 24
clothes /kləʊðz/ 10, 28
cloud /klaʊd/ 22, 36
clown /klaʊn/ 52
coal mine /'kəʊl maɪn/ 44
coast /kəʊst/ 22
coat /kəʊt/ 52
coffee /'kɒfi/ 30
coffee table /'kɒfi ˌteɪbəl/ 50
cold /kəʊld/ 28, 36
colours /'kʌləz/ 34
comb (noun) /kəʊm/ 28
comb (verb) /kəʊm/ 28
comic /'kɒmɪk/ 50
coming /'kʌmɪŋ/ 18
computer /kəm'pju:tə/ 44
computer game /kəm'pju:tə ˌgeɪm/ 52
control tower /kən'trəʊl tˌaʊə/ 22
cooker /'kʊkə/ 30
coral /'kɒrəl/ 40
courgette /kʊə'ʒet/ 16
cow /kaʊ/ 12
cowboy /'kaʊbɔɪ/ 52
crab /kræb/ 40
crawl /krɔ:l/ 26
crayon /'kreɪən/ 32

cries /kraɪz/ 24
crown /kraʊn/ 56
cry /kraɪ/ 26
cucumber /'kju:kʌmbə/ 16
cup /kʌp/ 30
cupboard /'kʌbəd/ 30
curly /'kɜ:li/ 24
curtains /'kɜ:tnz/ 50
cut /kʌt/ 30

D

Dad /dæd/ 6
Daddy /'dædi/ 6, 26
daisy /'deɪzi/ 58
dances /da:nsɪz/ 24
dark /da:k/ 24
dark blue /da:k blu:/ 34
dates /deɪts/ 16
daughter /'dɔ:tə/ 20
day /deɪ/ 42
days /deɪz/ 42
December /dɪ'sembə/ 42
deer /dɪə/ 58
deserts /'dezəts/ 36
digital watch /'dɪdʒɪtl ˌwɒtʃ/ 44
dining room /daɪnɪŋ ru:m/ 48
dinosaur /'daɪnəsɔ:/ 44
dirty /'dɜ:ti/ 24
dishwasher /'dɪʃˌwɒʃə/ 30
disk /dɪsk/ 32
dive /daɪv/ 40
diver /'daɪvə/ 40
divide /dɪ'vaɪd/ 42
divided /dɪvaɪdɪd/ 42
do /du:/ 26
doctor /'dɒktə/ 52
dog /dɒg/ 12, 54
doll /dɒl/ 52
dolphin /'dɒlfɪn/ 40
donkey /'dɒŋki/ 12
door /dɔ:/ 48, 50
do up /du: ʌp/ 28
down /daʊn/ 18
downstairs /ˌdaʊn'steəz/ 48
dragon /'drægən/ 56
draw /drɔ:/ 32
drawer /'drɔ:ə/ 30, 54
dream /dri:m/ 58
dress /dres/ 10
dressed /drest/ 10
dressing gown /'dresɪŋ gaʊn/ 54
dressing up /ˌdresɪŋ' ʌp/ 52
drink /drɪŋk/ 30
drum /drʌm/ 26, 52
dry /draɪ/ 24, 36
duck /dʌk/ 12
duvet /'du:veɪ/ 54
dwarf /dwɔ:f/ 56

E

ear /ɪə/ 8
earth /ɜ:θ/ 34, 44

eat /iːt/ 30
eel /iːl/ 40
eight /eɪt/ 38, 42
eighteen /eɪ'tiːn/ 38
eighth /eɪtθ/ 38
eighty /'eɪti/ 38
elbow /'elbəʊ/ 8
electrical power station
    /ɪ'lektrɪkəl 'paʊə ˌsteɪʃən/
    44
elephant /'elɪfənt/ 36
eleven /ɪ'levən/ 38
English /'ɪŋglɪʃ/ 34
envelope /'envələʊp/ 50
equals /'iːkwəlz/ 42
evening /'iːvnɪŋ/ 42
ever /'evə/ 56
exercise book /'eksəsaɪz
    ˌbʊk/ 32
eye /aɪ/ 8
eyebrow /'aɪbraʊ/ 8
eyelashes /'aɪlæʃɪz/ 8

F

face /feɪs/ 8, 28
factory /'fæktəri/ 14
fairy /'feəri/ 56
falling /fɔːlɪŋ/ 18
family /'fæməli/ 6
farm /faːm/ 12
farmer /'faːmə/ 12
fat /fæt/ 24
father /'faːðə/ 6
fawn /fɔːn/ 58
February /'febrʊəri/ 42
fence /fens/ 12
field /fiːld/ 12
fifteen /fɪf'tiːn/ 38
fifth /fɪfθ/ 38
fifty /'fɪfti/ 38
fig /fɪg/ 16
file /faɪl/ 32
finger /'fɪŋgə/ 8
fire /faɪə/ 44
fireplace /'faɪəpleɪs/ 50
first /fɜːst/ 38
fish /fɪʃ/ 16
fishing boat /'fɪʃɪŋ ˌbəʊt/ 20
five /faɪv/ 38
flame /fleɪm/ 44
flannel /'flænl/ 28
flat /flæt/ 36
flats /flæts/ 14
flip-flops /'flɪpflɒps/ 10
flipper /'flɪpə/ 40
flippers /'flɪpəz/ 10
float /fləʊt/ 8
floor /flɔː/ 48
flowers /'flaʊəz/ 16
fly /flaɪ/ 46
foot /fʊt/ 8
football /'fʊtbɔːl/ 46
forest /'fɒrɪst/ 22, 36
fork /fɔːk/ 30

forty /'fɔːti/ 38
four /fɔː/ 38, 42
fourteen /ˌfɔː'tiːn/ 38
fourth /fɔːθ/ 38
fox /fɒks/ 58
freezer /'friːzə/ 30
Friday /'fraɪdi/ 42
fridge /frɪdʒ/ 30
friend /frend/ 20
frog /frɒg/ 56
from /frəm, frɒm/ 18, 20
front /frʌnt/ 18, 24
frowns /fraʊnz/ 24
frozen /'frəʊzən/ 36
fruit /fruːt/ 16
frying pan /'fraɪŋ pæn/ 30

G

garage /'gæraːʒ/ 14
garden /'gaːdn/ 48, 58
garlic /'gaːlɪk/ 16
gasholder /'gæsˌhəʊldə/ 44
gate /geɪt/ 12
genie /'dʒiːni/ 56
gets /gets/ 24
getting /'getɪŋ/ 10
giant /'dʒaɪənt/ 56
giraffe /dʒɪ'raːf/ 36
girl /gɜːl/ 20
girls /gɜːlz/ 20
glass /glaːs/ 30
glider /'glaɪdə/ 44
glue /gluː/ 50
goal /gəʊl/ 46
goat /gəʊt/ 12
goblin /'gɒblɪn/ 56
going /'gəʊɪŋ/ 18, 22
gold /gəʊld/ 34
good /gʊd/ 24
gorilla /gə'rɪlə/ 36
Grandad /'grændæd/ 6
grandfather /'grændˌfaːðə/ 6
Grandma /'grænmaː/ 6
grandmother /'grænˌmʌðə/ 6
Grandpa /'grænpaː/ 6
Granny /'græni/ 6
grapefruit /'greɪpfruːt/ 16
grapes /greɪps/ 16
grass /graːs/ 36, 46, 58
green /griːn/ 34
grey /greɪ/ 34
ground /graʊnd/ 46
guitar /gɪ'taː/ 52
gun /gʌn/ 52

H

hair /heə/ 8, 28
hairdryer /'heədraɪə/ 28
half /haːf/ 42
half past /haːf paːst/ 42
hammer /'hæmə/ 48
hand /hænd/ 8
handle /'hændl/ 30

handsome /'hænsəm/ 56
hang-glider /'hæŋglaɪdə/ 44
happily /'hæpɪli/ 56
happy /'hæpi/ 24
harbour /'haːbə/ 20, 22
hat /hæt/ 20
have /v, əv, həv, hæv/ 28
head /hed/ 8
hedgehog /'hedʒhɒg/ 58
helicopter /'helɪkɒptə/ 22, 44
hello /hə'ləʊ/ 6
helmet /'helmɪt/ 52
her /', h', hɜː/ 20
high /haɪ/ 24
highchair /'haɪtʃeə/ 30
hill /hɪl/ 22
hippopotamus /ˌhɪpə'pɒtəməs/
    36
his /ɪz, hɪz/ 20
hit /hɪt/ 46
hold /həʊld/ 26
holiday /'hɒlɪdi/ 8
hologram /'hɒləgræm/ 44
home /həʊm/ 22, 50
horse /hɔːs/ 12
hospital /'hɒspɪtl/ 14
hot /hɒt/ 28, 36
hotel /həʊ'tel/ 14
hour /aʊə/ 42
hours /aʊəz/ 42
house /haʊs/ 14, 20
hundred /'hʌndrɪd/ 38, 42

I

I'm /aɪm/ 6
ice /aɪs/ 36
iceberg /'aɪsbɜːg/ 36
in /ɪn/ 14, 18, 20, 26, 28, 30,
    46
insects /'ɪnsekts/ 36
inside /ɪn'saɪd/ 20
instruments /'ɪnstrəmənts/ 52
into /'ɪntə, 'ɪntuː/ 18
is /ɪz/ 24, 36, 42
island /'aɪlənd/ 22

J

jacket /'dʒækɪt/ 10
January /'dʒænjʊəri/ 42
jar /dʒaː/ 32
jeans /dʒiːnz/ 10
jellyfish /'dʒelifɪʃ/ 40
jet plane /ˌdʒet 'pleɪn/ 44
jigsaw /'dʒɪgsɔː/ 26
July /dʒʊ'laɪ/ 42
jump /dʒʌmp/ 26
jump over /dʒʌmp 'əʊvə/ 46
June /dʒuːn/ 42
jungle /'dʒʌŋgəl/ 36

K

kaleidoscope /kə'laɪdəskəʊp/
    52
kettle /'ketl/ 30
keyboard /'kiːbɔːd/ 32
kick /kɪk/ 46
king /kɪŋ/ 56
kitchen /'kɪtʃɪn/ 30, 48
kite /kaɪt/ 46
knee /niː/ 8
kneel /niːl/ 48
knife /naɪf/ 30
knight /naɪt/ 56

L

ladder /'lædə/ 48
ladybird /'leɪdibɜːd/ 58
lake /leɪk/ 22
lamp /læmp/ 56
land /lænd/ 22
laser /'leɪzə/ 44
laughs /laːfs/ 24
leaf /liːf/ 58
leek /liːk/ 16
left /left/ 24
leg /leg/ 8
lemon /'lemən/ 16
letter /'letə/ 50
letters /'letəz/ 34
lettuce /'letɪs/ 16
library /'laɪbrəri/ 14
light /laɪt/ 50
light blue /laɪt bluː/ 34
lightning /'laɪtnɪŋ/ 36
lime /laɪm/ 16
line /laɪn/ 34
lion /'laɪən/ 36
lioness /'laɪənes/ 36
lips /lɪps/ 8
little /'lɪtl/ 24
lived /lɪvd/ 56
living room /'lɪvɪŋ ruːm/ 48
lizard /'lɪzəd/ 36
lobster /'lɒbstə/ 40
long /lɒŋ/ 24
look at /lʊk ət/ 26
lorry /'lɒri/ 12
lot /lɒt/ 38
lots /lɒts/ 36
low /ləʊ/ 24

M

magazine /ˌmægə'ziːn/ 50
make /meɪk/ 50
man /mæn/ 20
map /mæp/ 32
March /maːtʃ/ 42
margarine /ˌmaːdʒə'riːn/ 16
market /'maːkɪt/ 14, 16, 20
mask /maːsk/ 10, 52
maths /mæθs/ 42
May /meɪ/ 42